Impressum
Verlag: BABADADA GmbH, Nedderfeld 112 , 22529 Hamburg
Geschäftsführer / Verlagsleitung: Harald Hof
Druck: Books on Demand GmbH, In de Tarpen 42, 22848 Norderstedt

Imprint
Publisher: BABADADA GmbH, Nedderfeld 112 , 22529 Hamburg, Germany
Managing Director / Publishing direction: Harald Hof
Print: Books on Demand GmbH, In de Tarpen 42, 22848 Norderstedt, Germany

escola
学校

dividir
除

186/2

quadro
黑板

sala de aulas
教室

pátio da escola
校园

professor
老师

papel
纸

caneta
钢笔

escrivaninha
办公桌

escrever
书写

régua
直尺

livro
书

aluno
学生

sacola

书包

estojo de lápis

铅笔盒

lápis

铅笔

apontador de lápis

卷笔刀

borracha

橡皮擦

bloco de desenho

画板

desenho

图画

pincel

画笔

estojo de tintas

颜料盒

tesoura

剪刀

cola

胶水

livro de exercícios

练习册

lição de casa

家庭作业

número

数字

somar

加

subtrair

减

multiplicar

乘

calcular

计算

letra

字母

alfabeto

字母表

palavra

字

texto

课文

ler

读

giz

粉笔

hora

上课

registro da classe

登记

exame

考试

certificado

证书

uniforme escolar

校服

educação

教育

enciclopédia

百科全书

universidade

大学

microscópio

显微镜

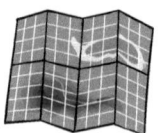

mapa

地图

cesto de lixo

废纸篓

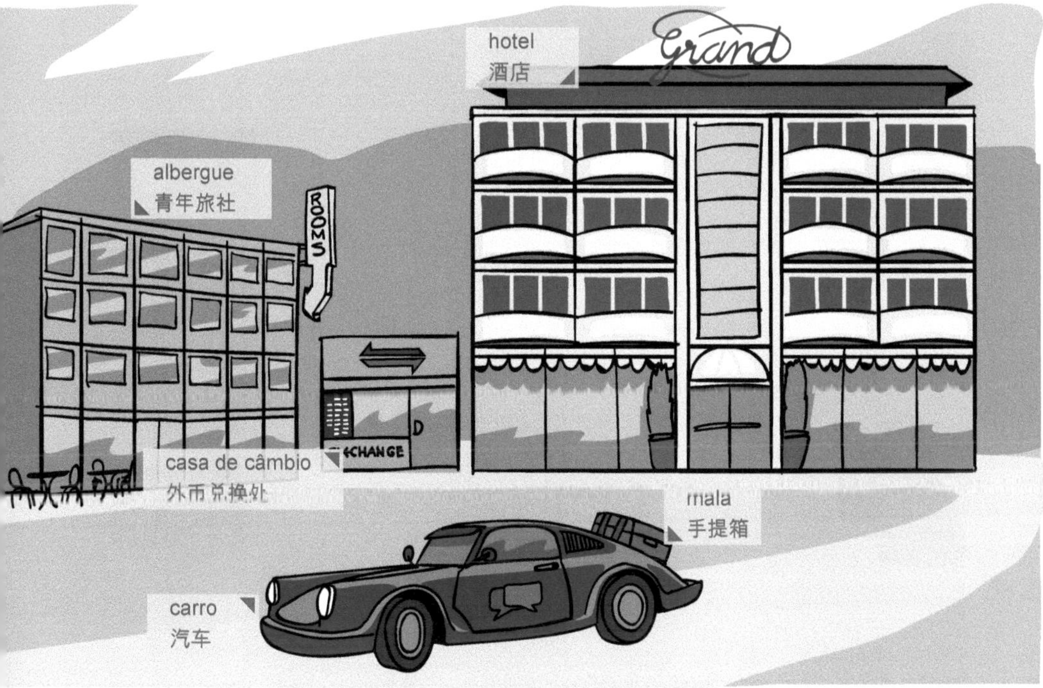

hotel
酒店
Grand
albergue
青年旅社
ROOMS
EXCHANGE
casa de câmbio
外币兑换处
mala
手提箱
carro
汽车

idioma
语言

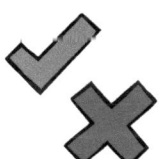

sim / não
是/否

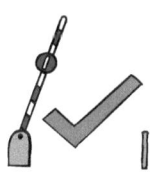

ok
好的

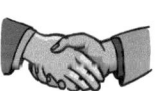

Olá
您好

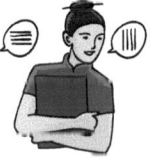

tradutor
翻译员

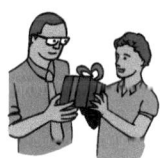

obrigado
谢谢

quanto custa...?

......多少钱？

eu não entendo

我不明白

problema

问题

boa noite!

晚上好！

Bom dia!

早上好！

Boa noite!

晚安！

até logo

再见

direção

方向

bagagem

行李

bolsa

包

mochila

双肩包

convidado

客人

quarto

房间

saco de dormir

睡袋

barraca

帐篷

informação turística

旅游信息

praia

海滩

cartão de crédito

信用卡

café da manhã

早餐

almoço

午餐

jantar

晚餐

bilhete

票

elevador

电梯

selo

邮票

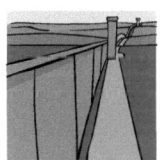

fronteira

边界

alfândega

海关

embaixada

大使馆

visto

签证

passaporte

护照

transporte
交通运输

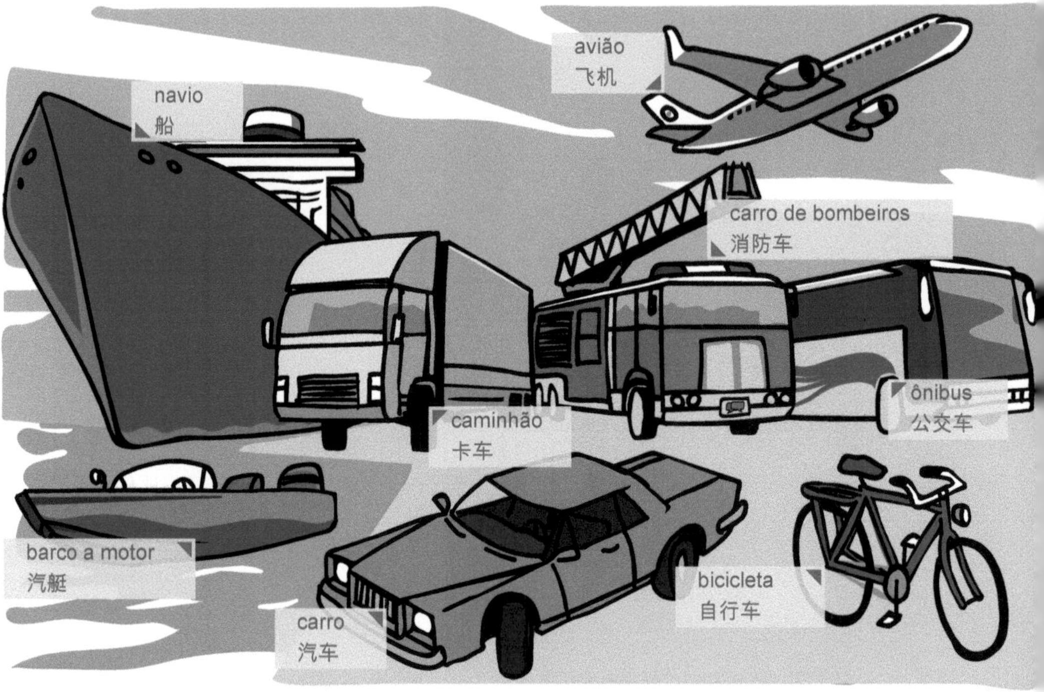
navio
船
avião
飞机
carro de bombeiros
消防车
ônibus
公交车
caminhão
卡车
barco a motor
汽艇
bicicleta
自行车
carro
汽车

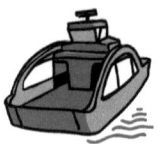

balsa

摆渡船

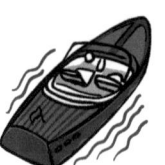

barco

小船

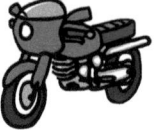

motocicleta

摩托车

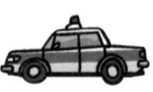

veículo policial

警车

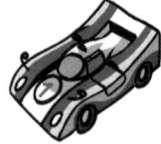

carro de corrida

赛车

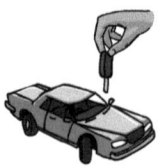

carro de aluguel

租车

compartilhamento de
automóvel

拼车

caminhão de reboque

拖车

caminhão de lixo

垃圾车

motor

发动机

combustível

汽油

posto de gasolina

加油站

placa de trânsito

交通标志

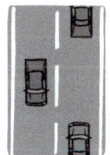

trânsito

交通

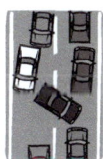

trânsito lento

交通堵塞

estacionamento

停车场

estação de trem

火车站

trilhos

轨道

trem

火车

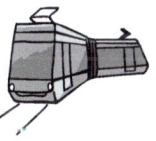

bonde

电车

vagão

货车

helicóptero

直升机

aeroporto

机场

torre

塔

passageiro

乘客

contêiner

集装箱

cartolina

纸板箱

carroça

手推车

cesto

篮子

decolar / pousar

起飞/降落

cidade

城市

vilarejo

村庄

centro da cidade

市中心

casa

房子

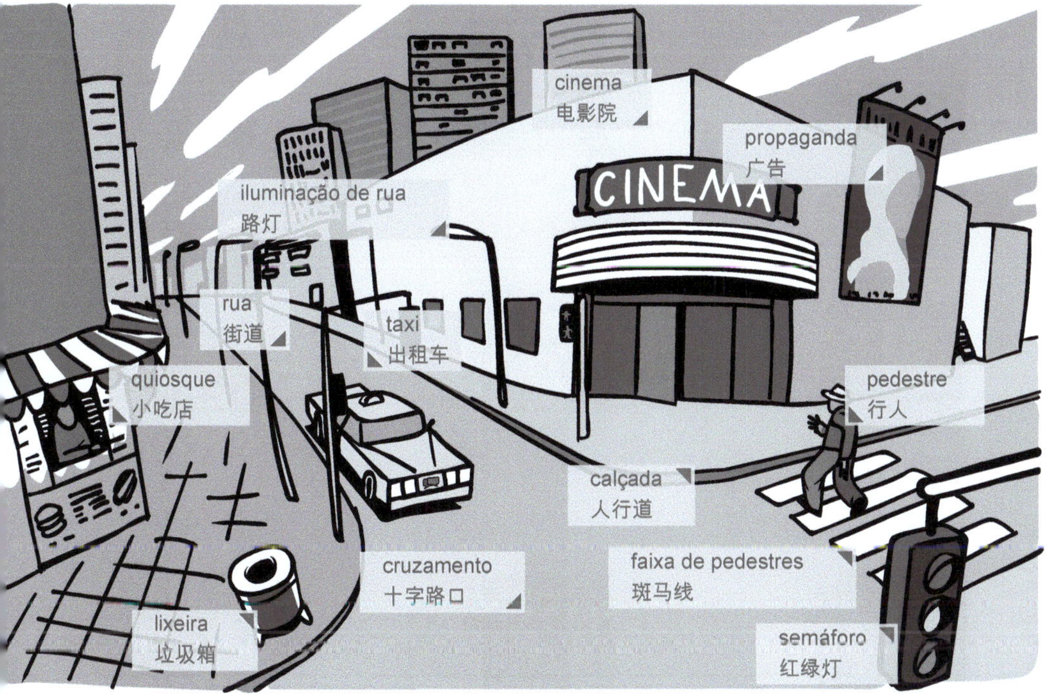

cinema
电影院

propaganda
广告

iluminação de rua
路灯

rua
街道

taxi
出租车

quiosque
小吃店

pedestre
行人

calçada
人行道

cruzamento
十字路口

faixa de pedestres
斑马线

lixeira
垃圾箱

semáforo
红绿灯

cabana

小屋

apartamento

公寓

estaçao de trem

火车站

prefeitura

市政厅

museu

博物馆

escola

学校

universidade

大学

banco

银行

hospital

医院

hotel

酒店

farmácia

药房

escritório

办公室

livraria

书店

loja

商店

floricultura

花店

supermercado

超市

mercado

市场

loja de departamentos

百货商店

peixaria

鱼店

centro comercial

购物中心

porto

海港

parque

公园

banco

长凳

ponte

桥

escadas

楼梯

metrô

地铁

túnel

隧道

ponto de ônibus

公交车站

bar

酒吧

restaurante

餐馆

caixa de correspondência

邮筒

placa de rua

路标

parquímetro

停车计时器

zoológico

动物园

piscina

游泳馆

mesquita

清真寺

fazenda

农场

poluição

污染

cemitério

墓地

igreja

教堂

parquinho

操场

templo

寺庙

paisagem
地形

folha
树叶

placa de sinalização
指示牌

caminho
路

gramado
草地

pedra
石头

árvore
树

caminhantes
徒步旅行者

rio
河

grama
草

flor
花

vale

峡谷

montanha

山

lago

湖

floresta

森林

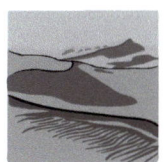

deserto

沙漠

vulcão

火山

castelo

城堡

arco-íris

彩虹

cogumelo

蘑菇

palmeira

棕榈树

mosquito

蚊子

mosca

苍蝇

formiga

蚂蚁

abelha

蜜蜂

aranha

蜘蛛

besouro

甲虫

sapo

青蛙

esquilo

松鼠

ouriço

刺猬

lebre

野兔

coruja

猫头鹰

pássaro

鸟

cisne

天鹅

javali

野猪

veado

鹿

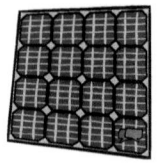

alce

麋鹿

barragem

水坝

aerogerador

风力发电机

painel solar

太阳能电池板

clima

气候

restaurante
餐馆

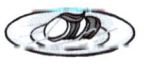

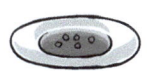

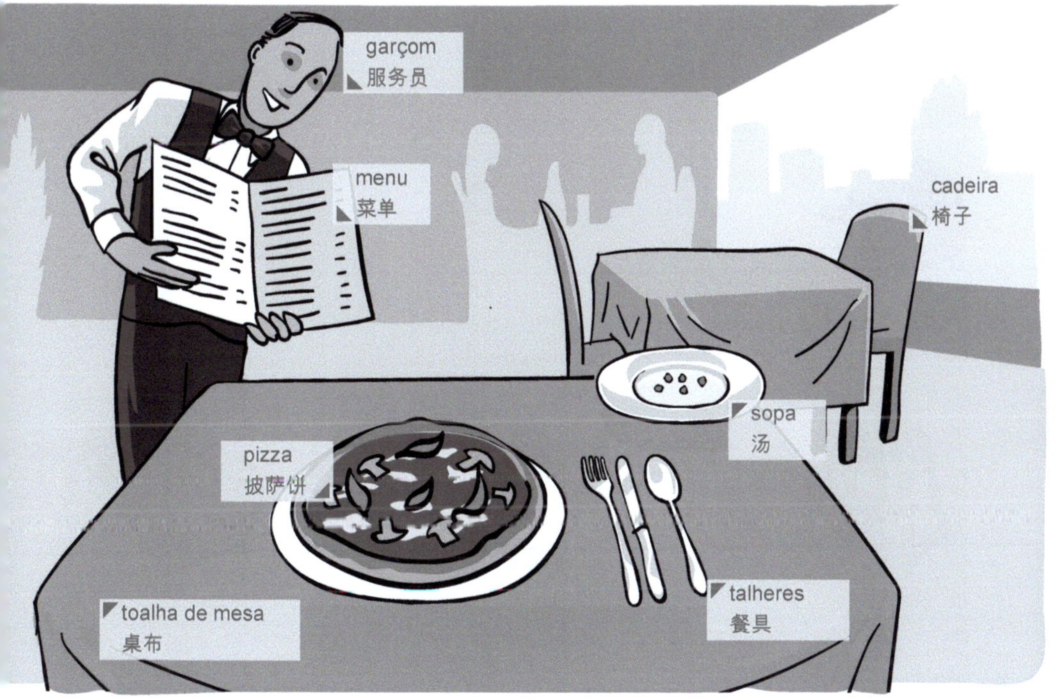
garçom
服务员
menu
菜单
cadeira
椅子
sopa
汤
pizza
披萨饼
talheres
餐具
toalha de mesa
桌布

entrada

前菜

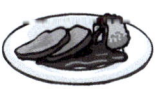

prato principal

主菜

sobremesa

甜点

bebidas

饮料

comida

食物

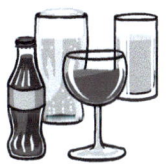

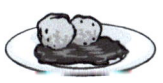

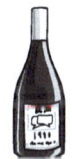

garrafa

瓶子

fastfood

快餐

comida de rua

街边小吃

bule de chá

茶壶

açucareiro

糖盒

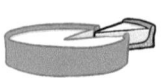

porção

一份饭菜

máquina de expresso

意式咖啡机

cadeirão

高脚椅

conta

账单

bandeja

托盘

faca

刀

garfo

餐叉

colher

勺子

colher de chá

茶匙

guardanapo

餐巾

copo

玻璃杯

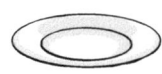

prato
碟子

prato de sopa
汤盘

pires
碟子

molho
酱

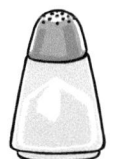

saleiro
盐瓶

moedor de pimenta
胡椒磨

vinagre
醋

óleo
食用油

especiarias
调味料

ketchup
番茄酱

mostarda
芥末

maionese
蛋黄酱

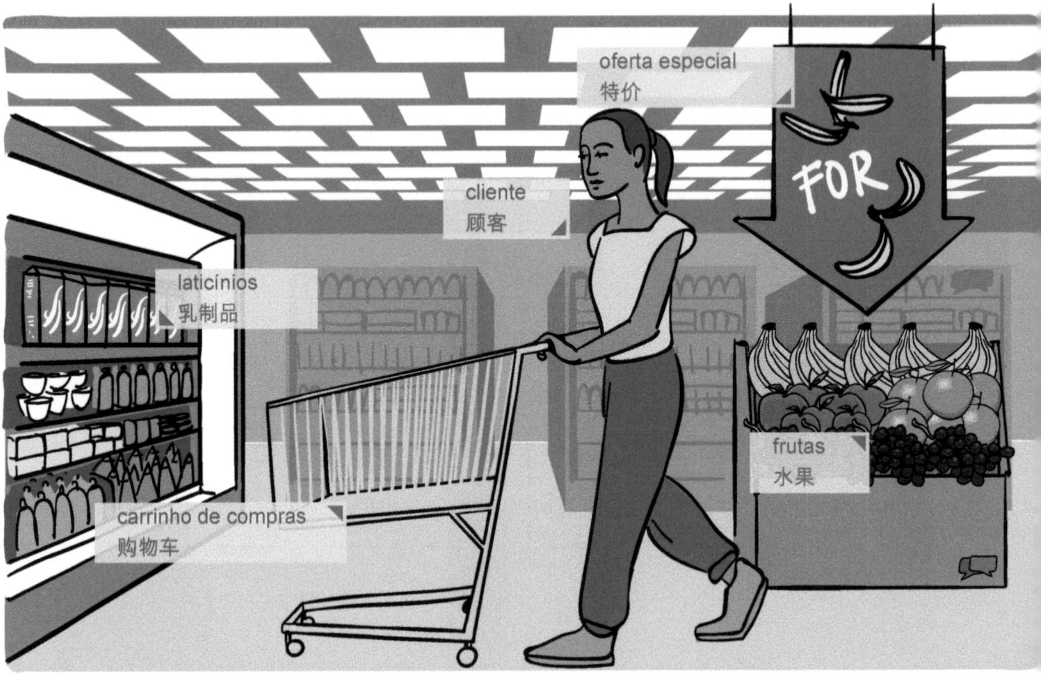

oferta especial
特价
FOR
cliente
顾客
laticínios
乳制品
frutas
水果
carrinho de compras
购物车

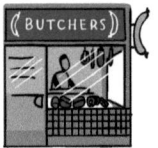

BUTCHERS

açougue

肉铺

BAKERY

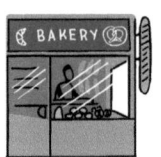

padaria

面包房

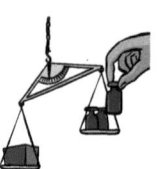

pesar

称重

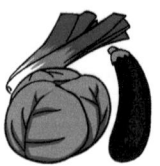

legumes

蔬菜

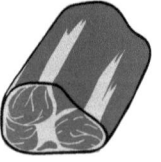

carne

肉

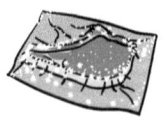

congelados

冷冻食品

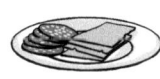

charcutaria

冷盘

conservas

罐头食品

detergente em pó

洗衣粉

doces

甜食

artigos domésticos

日用品

produtos de limpeza

清洁用品

vendedora

销售员

caixa

收银机

caixa

收银员

lista de compras

购物清单

horário de funcionamento

开放时间

carteira

钱包

cartão de crédito

信用卡

sacola

袋子

saco plástico

塑料袋

água

水

suco

果汁

leite

牛奶

coca-cola

可乐

vinho

红酒

cerveja

啤酒

álcool

酒

cacau

可可

chá

茶

café

咖啡

expresso

意式浓缩咖啡

cappuccino

卡布奇诺

banana

香蕉

maçã

苹果

laranja

橙子

melão

西瓜

limão

柠檬

cenoura

胡萝卜

alho

大蒜

bambu

竹子

cebola

洋葱

cogumelo

蘑菇

nozes

坚果

macarrão

面条

espaguete

意大利面条

arroz

米饭

salada

沙拉

batatas fritas

薯条

batatas frias

炸土豆

pizza

披萨饼

hambúrger

汉堡包

sanduíche

三明治

escalope

炸猪排

presunto

火腿

salame

萨拉米

salsicha

香肠

galinha

鸡肉

assado

烤肉

peixe

鱼

flocos de aveia

燕麦片

granola

穆兹利

flocos de milho

玉米片

farinha

面粉

croissant

羊角面包

pãozinho

面包卷

pão

面包

torrada

烤面包

biscoitos

饼干

manteiga

黄油

requeijão

凝乳

bolo

蛋糕

ovo

蛋

ovo frito

煎蛋

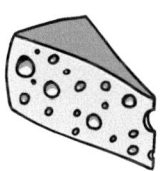

queijo

奶酪

sorvete

冰激凌

açúcar

糖

mel

蜂蜜

geleia

果酱

creme de avelãs

巧克力酱

curry

咖喱饭

fazenda
农场

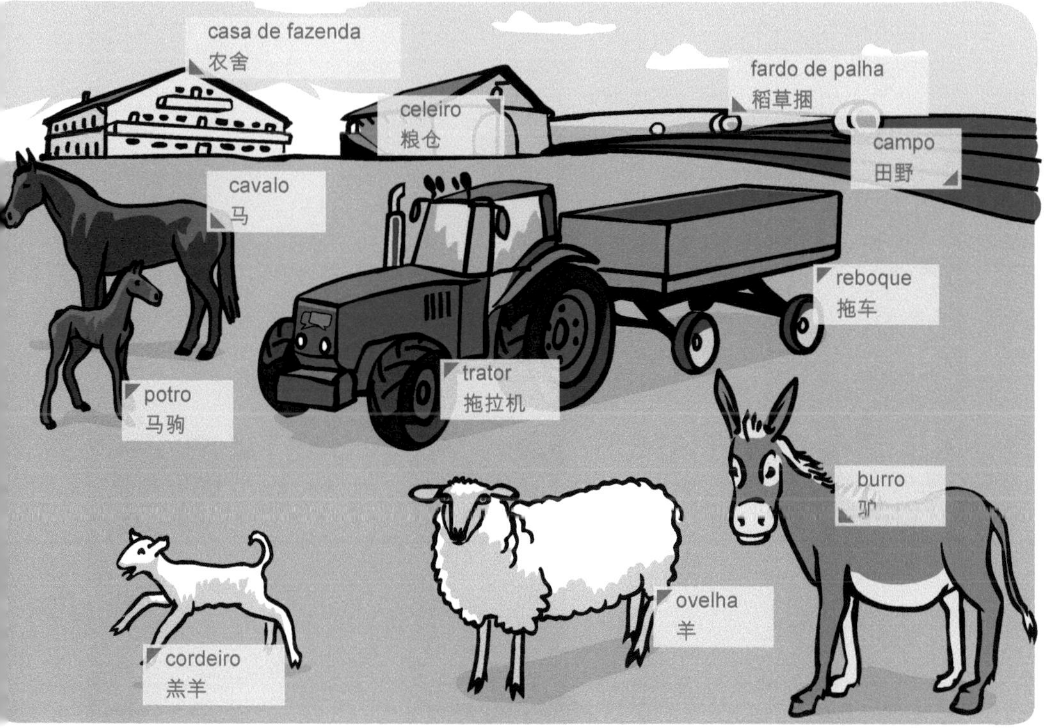
casa de fazenda
农舍
celeiro
粮仓
fardo de palha
稻草捆
campo
田野
cavalo
马
reboque
拖车
trator
拖拉机
potro
马驹
burro
驴
ovelha
羊
cordeiro
羔羊

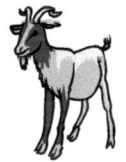

cabra

山羊

vaca

奶牛

bezerro

牛犊

porco

猪

leitão

小猪

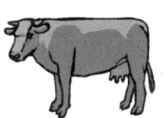

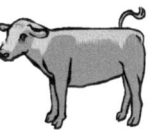

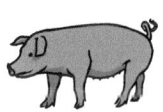

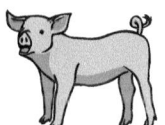

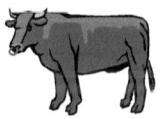

touro

公牛

ganso

鹅

pato

鸭

pintinho

小鸡

galinha

母鸡

galo

公鸡

ratazana

鼠

gato

猫

camundongo

老鼠

boi

牛

cachorro

狗

casinha do cachorro

狗屋

mangueira de jardim

花园浇水软管

regador

洒水壶

foice

长柄大镰刀

arado

犁

foice

镰刀

enxada

锄头

forquilha

长柄草耙

machado

斧头

carrinho de mão

独轮手推车

manjedoura

饲料槽

jarra de leite

牛奶罐

saco

麻布袋

cerca

栅栏

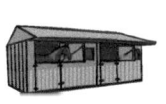

estábulo

马厩

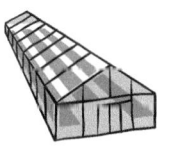

estufa

温室

solo

土壤

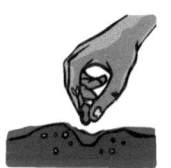

semente

种子

fertilizante

肥料

colheitadeira

联合收割机

colher

收割

colheita

收割

inhame

山药

trigo

小麦

soja

大豆

batata

土豆

milho

玉米

colza

油菜籽

árvore frutífera

果树

mandioca

树薯

cereais

谷物

chaminé
烟囱

telhado
屋顶

calhas de chuva
落水管

janela
窗户

garagem
车库

campainha da porta
门铃

porta
门

lata de lixo
垃圾桶

caixa de correspondência
信箱

jardim
花园

sala de estar

客厅

banheiro

浴室

cozinha

厨房

quarto de dormir

卧室

quarto de criança

儿童房

sala de jantar

餐厅

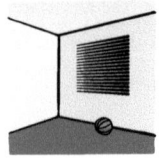

chão

地板

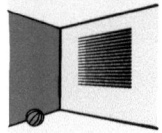

parede

墙壁

teto

吊顶

porão

地窖

sauna

桑拿

varanda

阳台

terraço

露台

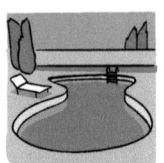

piscina

游泳池

cortador de grama

割草机

lençol

被单

coberta

床罩

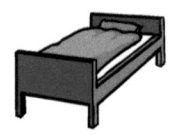

cama

床

vassoura

扫帚

balde

水桶

interruptor

开关

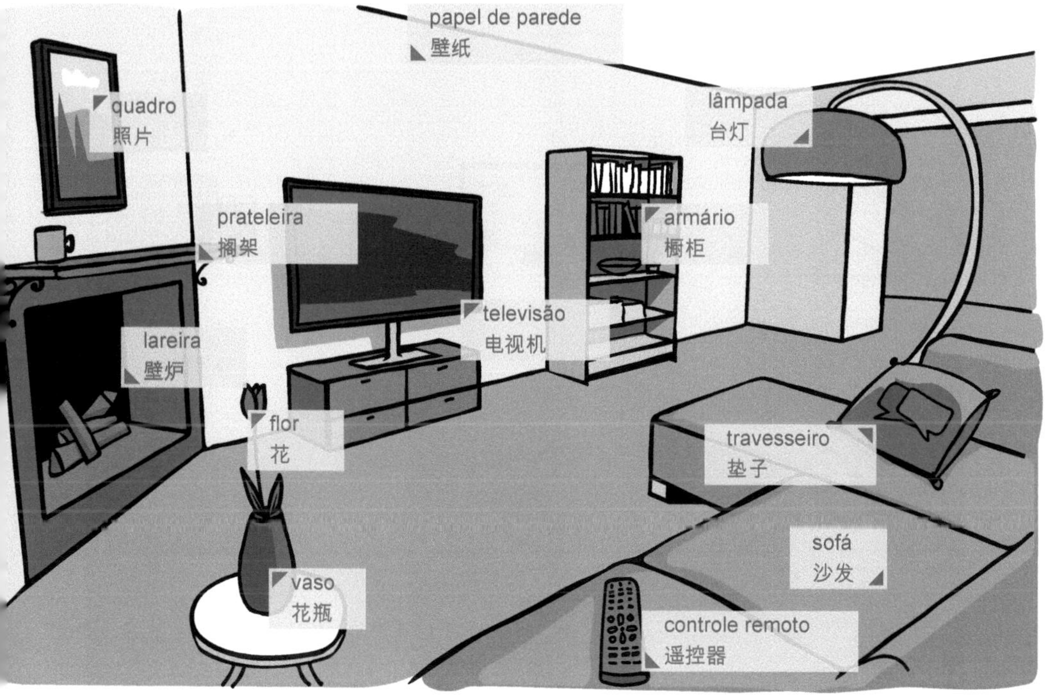

papel de parede
壁纸

quadro
照片

lâmpada
台灯

prateleira
搁架

armário
橱柜

televisão
电视机

lareira
壁炉

flor
花

travesseiro
垫子

sofá
沙发

vaso
花瓶

controle remoto
遥控器

tapete

地毯

cortina

窗帘

mesa

餐桌

cadeira

椅子

cadeira de balanço

摇椅

poltrona

扶手椅

livro

书

cobertor

毯子

decoração

装饰品

lenha

木柴

filme

电影

equipamento de som

高保真音响

chave

钥匙

jornal

报纸

pintura

油画

pôster

海报

rádio

收音机

bloco de notas

笔记本

aspirador

吸尘器

cacto

仙人掌

vela

蜡烛

cozinha
厨房

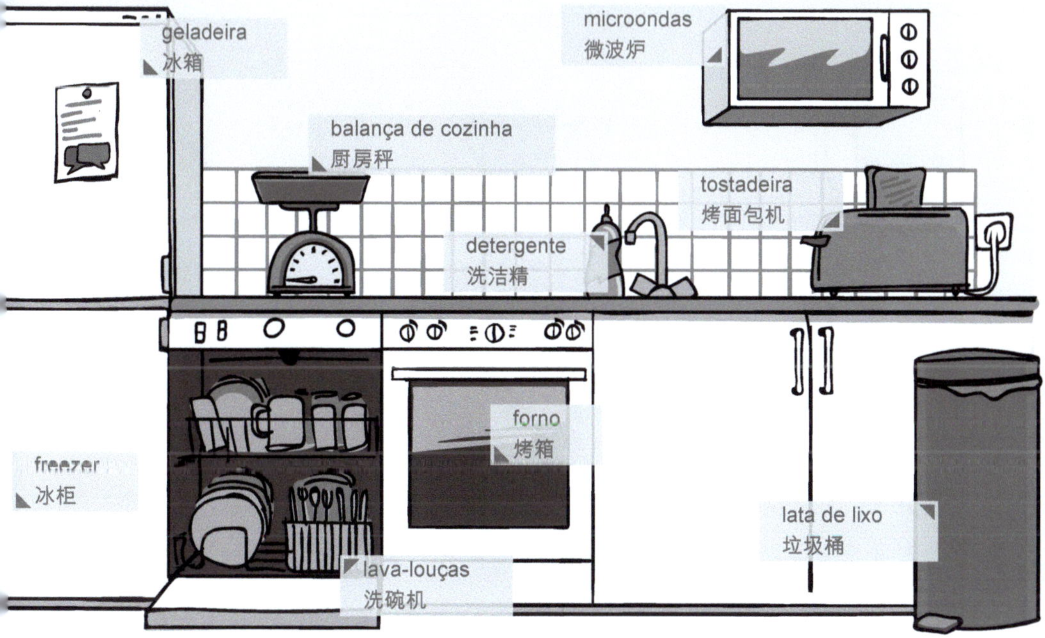

geladeira
冰箱
microondas
微波炉
balança de cozinha
厨房秤
tostadeira
烤面包机
detergente
洗洁精
forno
烤箱
freezer
冰柜
lata de lixo
垃圾桶
lava-louças
洗碗机

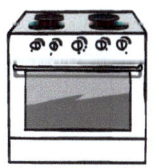

fogão
炊具

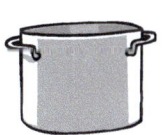

panela
锅

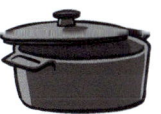

panela de ferro
铸铁锅

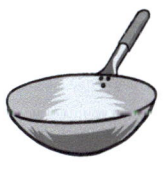

wok / kadai
炒锅

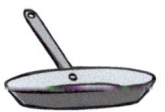

frigideira
平底锅

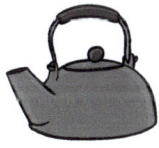

chaleira
水壶

panela a vapor

蒸锅

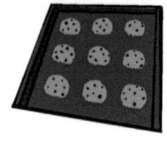

tabuleiro de forno

烤盘

louça

陶瓷锅

caneca

马克杯

caçarola

碗

hashi

筷子

concha de sopa

长柄勺

espátula

铲子

batedor

搅拌器

escorredor

滤网

peneira

筛子

ralador

磨碎机

almofariz

研钵

churrasqueira

烧烤

lareira

明火

tábua de cortar

菜板

rolo da massa

擀面杖

saca-rolhas

开瓶器

lata

罐子

abridor de latas

开罐器

pegador de panela

隔热手套

pia

水槽

escova

刷子

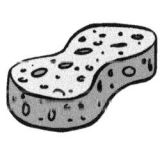

esponja

海绵

liquidificador

搅拌机

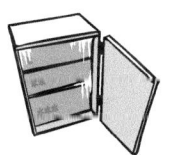

congelador

冷藏箱

mamadeira

奶瓶

torneira

水龙头

banheiro

浴室

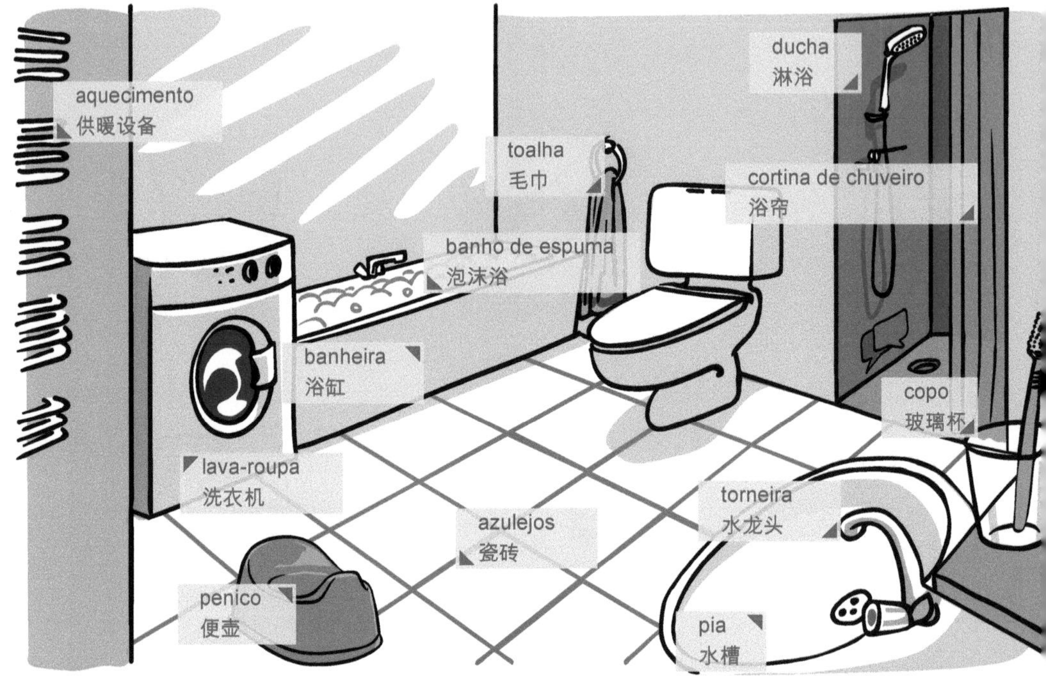

ducha
淋浴
aquecimento
供暖设备
toalha
毛巾
cortina de chuveiro
浴帘
banho de espuma
泡沫浴
banheira
浴缸
copo
玻璃杯
lava-roupa
洗衣机
torneira
水龙头
azulejos
瓷砖
penico
便壶
pia
水槽

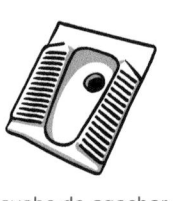

vaso sanitário

厕所

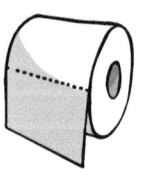

lavabo de agachar

蹲便器

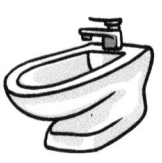

bidê

坐浴器

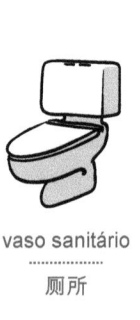

mictório

小便池

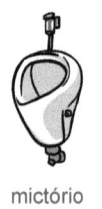

papel higiênico

厕纸

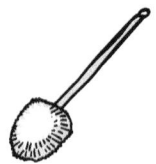

escova de privada

马桶刷

escova de dentes

牙刷

pasta de dentes

牙膏

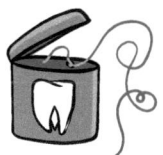

fio dental

牙线

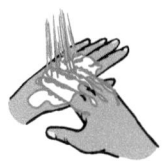

lavar

洗

ducha de mão

手持式喷淋头

ducha íntima

冲洗器

bacia

洗脸盆

escova para as costas

擦背刷

sabonete

肥皂

gel de banho

沐浴露

xampu

洗发水

toalha de rosto

法兰绒

escoamento

排水

creme

乳霜

desodorante

除臭剂

espelho

镜子

espelho de mão

手镜

barbeador

剃须刀

espuma de barbear

剃须泡沫

loção pós-barba

须后水

pente

梳子

escova

刷子

secador de cabelo

吹风机

spray de cabelo

喷发定型剂

maquiagem

化妆品

batom

唇膏

esmalte de unhas

指甲油

algodão

化妆棉

tesoura para unhas

指甲剪

perfume

香水

nécessaire

洗漱包

banquinho

凳子

balança

计重秤

roupão de banho

浴袍

luvas de borracha

橡胶手套

absorvente interno

卫生棉条

absorvente íntimo

卫生巾

banheiro químico

化学厕所

quarto de criança
儿童房

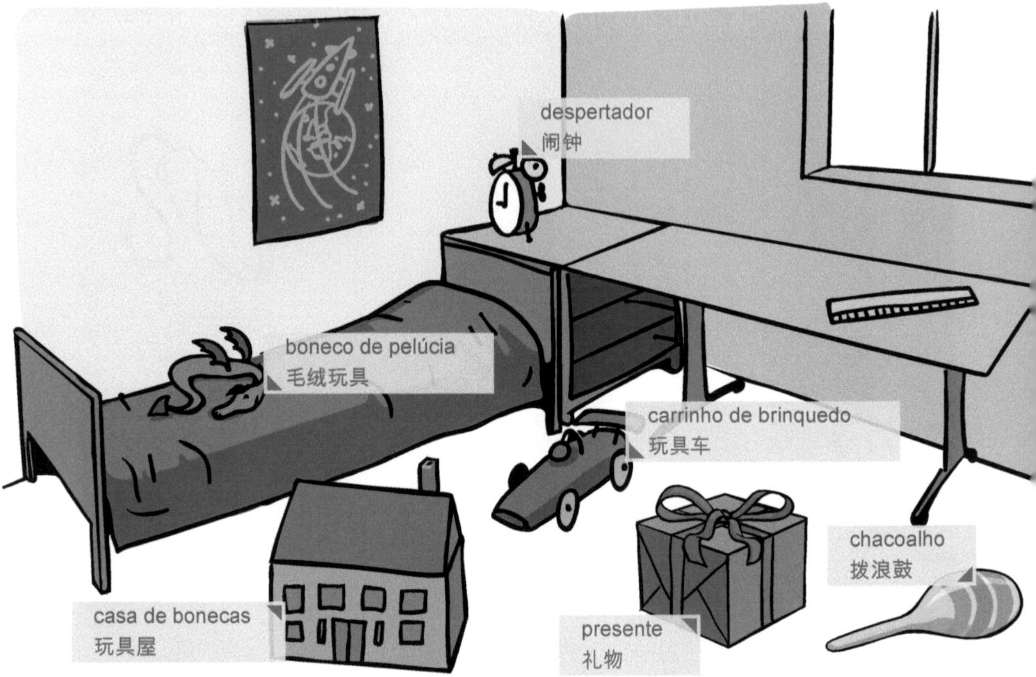
despertador
闹钟
boneco de pelúcia
毛绒玩具
carrinho de brinquedo
玩具车
chacoalho
拨浪鼓
casa de bonecas
玩具屋
presente
礼物

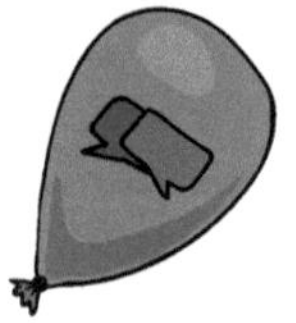

balão

气球

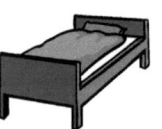

cama

床

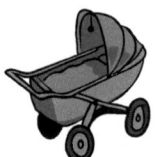

carrinho de bebê

（洋娃娃用）婴儿车

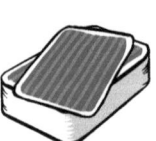

jogo de cartas

扑克牌

quebra-cabeças

拼图

SUPER
MEGA

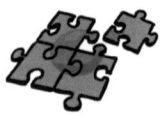

revista de quadrinhos

漫画

peças de Lego

乐高积木

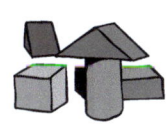

blocos de construção

积木玩具

figura de ação

玩具人

macaquinho de bebê

婴儿服

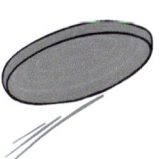

frisbee

飞盘

móbile para bebê

床铃玩具

jogo de tabuleiro

棋盘游戏

dados

骰子

trenzinho elétrico

火车模型

chupeta

安抚奶嘴

festa

聚会

livro ilustrado

绘本

bola

球

boneca

洋娃娃

brincar

玩

caixa de areia

沙坑

balanço

秋千

brinquedos

玩具

videogame

游戏机

triciclo

三轮车

ursinho de pelúcia

泰迪熊

guarda-roupa

衣柜

vestuário

衣服

meias

袜子

meias pelo joelho

长袜

meias-calças

紧身裤

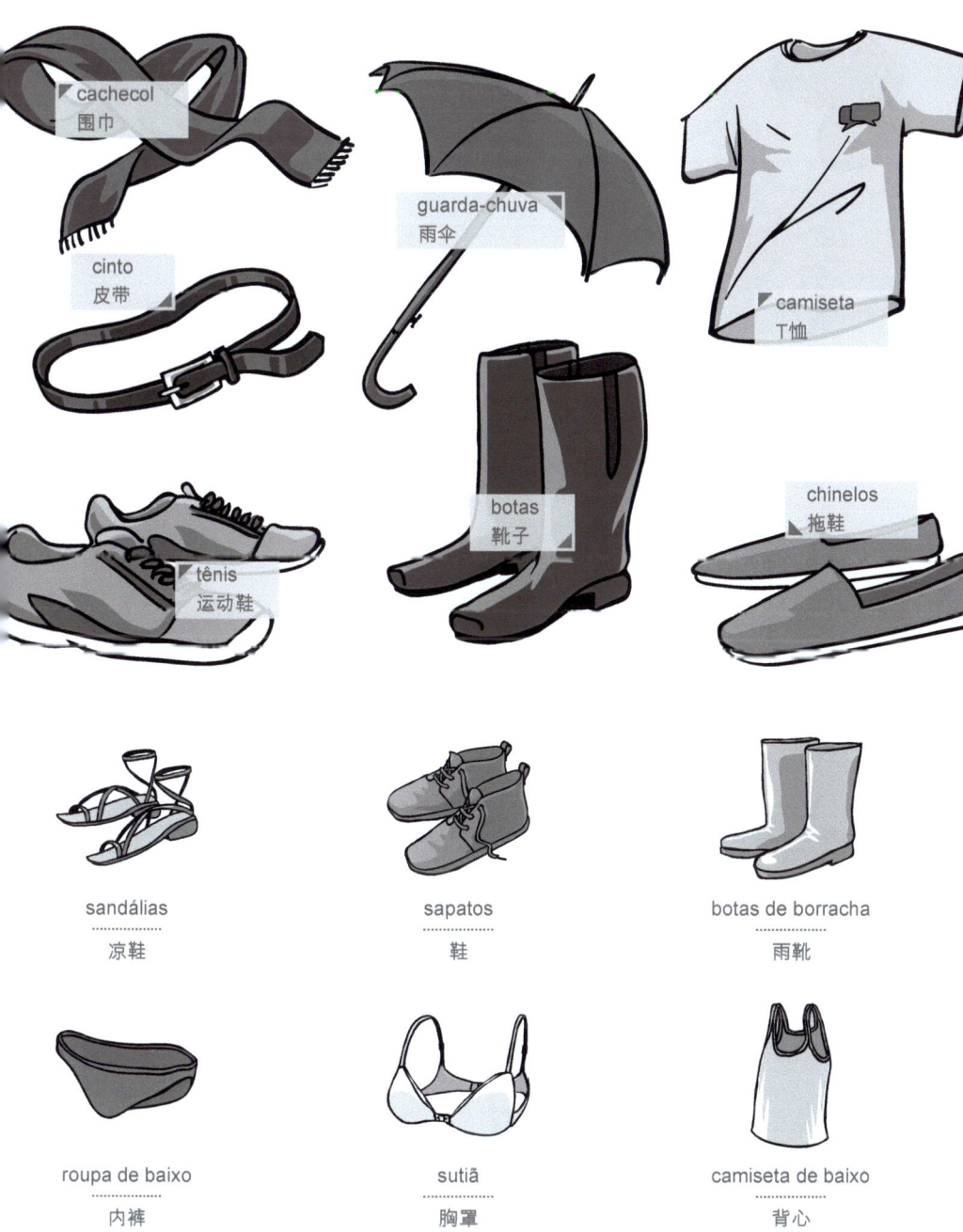

cachecol
围巾

guarda-chuva
雨伞

camiseta
T恤

cinto
皮带

botas
靴子

chinelos
拖鞋

tênis
运动鞋

sandálias

凉鞋

sapatos

鞋

botas de borracha

雨靴

roupa de baixo

内裤

sutiã

胸罩

camiseta de baixo

背心

body

身体

calças

裤子

jeans

牛仔裤

saia

短裙

blusa

女式衬衫

camisa

衬衫

pulôver

套头衫

suéter com capuz

卫衣

blazer

西装夹克

jaqueta

夹克

casaco

外套

gabardine

雨衣

traje

套装

vestido

连衣裙

vestido de casamento

婚纱

terno

西装

camisola

睡袍

pijama

睡衣

sari

莎丽

lenço de cabeça

头巾

turbante

包头巾

burca

波卡

cafetã

卡夫坦

abaya

(阿拉伯式)长袍长袍

maiô

泳衣

sunga

男式泳裤

shorts

短裤

roupa de treino

运动服

avental

围裙

luvas

手套

botão

纽扣

óculos

眼镜

pulseira

手链

colar

项链

anel

戒指

brinco

耳环

boné

便帽

cabide

衣架

chapéu

帽子

gravata

领带

zíper

拉链

capacete

头盔

suspensórios

背带

uniforme escolar

校服

uniforme

制服

babador
围兜

chupeta
安抚奶嘴

fralda
尿不湿

escritório
办公室

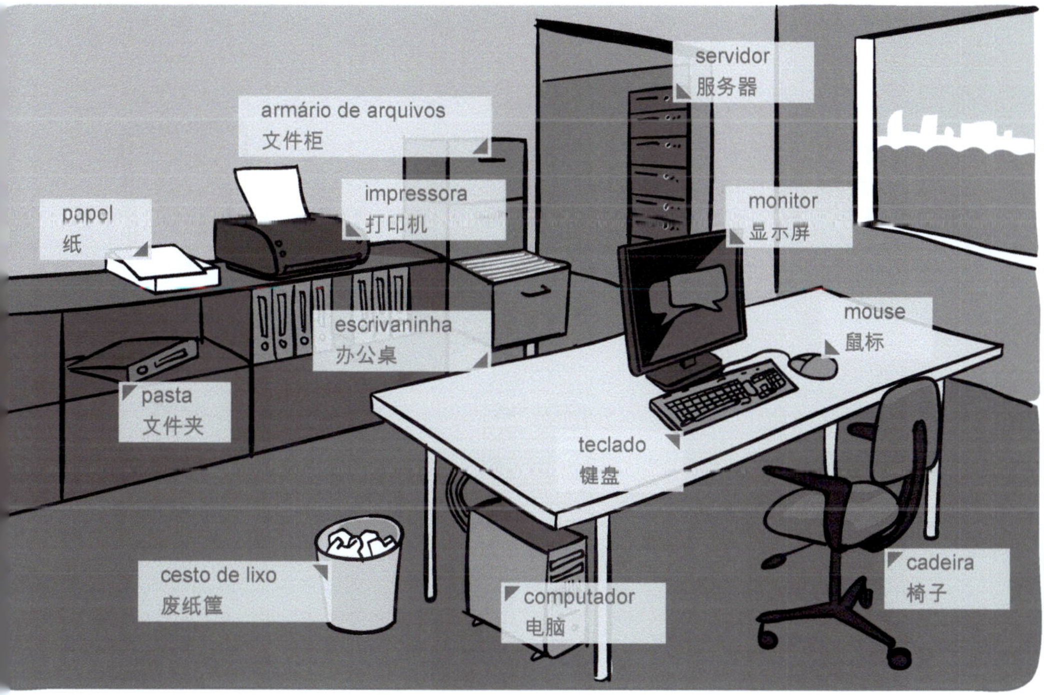

servidor
服务器

armário de arquivos
文件柜

impressora
打印机

papel
纸

monitor
显示屏

mouse
鼠标

escrivaninha
办公桌

pasta
文件夹

teclado
键盘

cesto de lixo
废纸筐

cadeira
椅子

computador
电脑

xícara de café
咖啡杯

calculadora
计算器

internet
因特网

laptop

笔记本电脑

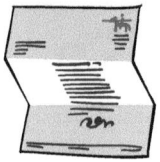

carta

信件

mensagem

消息

celular

手机

rede

网络

copiadora

复印机

software

软件

telefone

电话

tomada

插座

fax

传真机

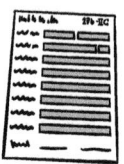

formulário

表格

documento

文件

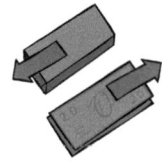

comprar

买

pagar

付钱

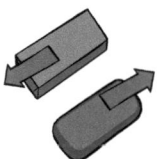

negociar

交易

dinheiro

现金

Dólar

美元

Euro

欧元

Yen

日元

rublo

卢布

franco suíço

瑞士法郎

renminbi yuan

人民币

rupia

卢比

caixa eletrônico

提款处

casa de câmbio

外币兑换处

ouro

金

prata

银

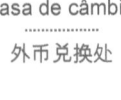

petróleo

石油

energia

能源

preço

价格

contrato

合同

imposto

税金

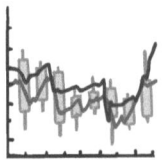

ação

股票

trabalhar

工作

empregado

职员

empregador

老板

fábrica

工厂

loja

商店

policial
警官

bombeiro
消防员

piloto
飞行员

cozinheiro
厨师

médico
医生

jardineiro

园丁

marceneiro

木匠

costureira

裁缝

juiz

法官

químico

化学家

ator

演员

motorista de ônibus

公交车司机

motorista de táxi

出租车司机

pescador

渔夫

faxineira

清洁女工

telhador

屋顶工

garçom

服务员

caçador

猎人

pintor

画家

padeiro

面包师

eletricista

电工

construtor

建筑工人

engenheiro

工程师

açougueiro

屠夫

encanador

水管工

carteiro

邮递员

soldado

士兵

arquiteto

建筑师

caixa

收银员

florista

花农

cabelereiro

理发师

condutor

售票员

mecânico

机械师

capitão

船长

dentista

牙医

cientista

科学家

rabino

拉比

imam

伊玛目

monge

和尚

pastor

牧师

ferramentas

工具

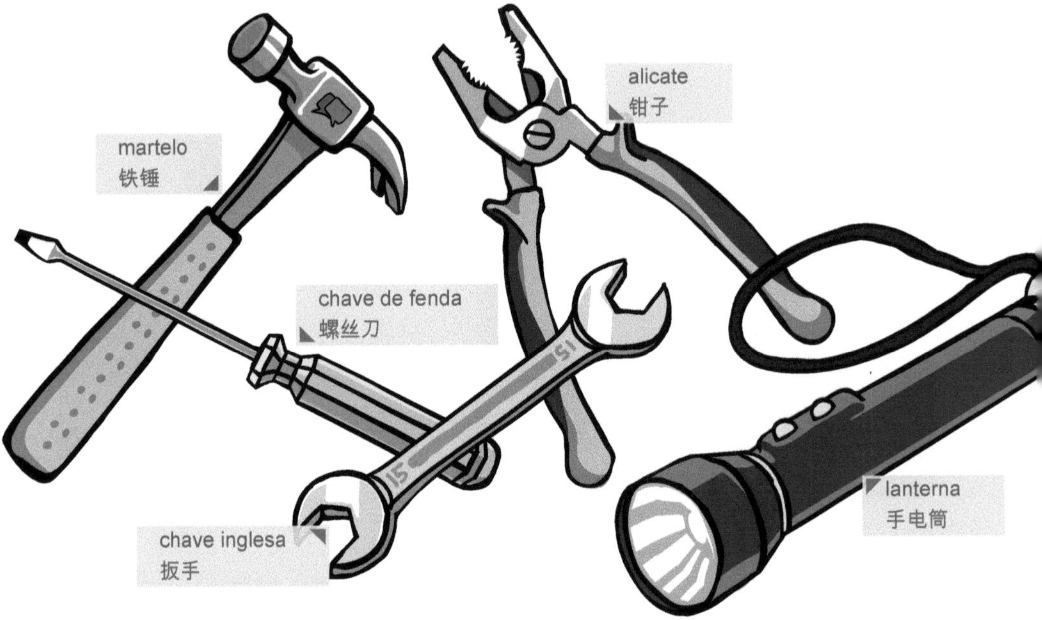
alicate
钳子
martelo
铁锤
chave de fenda
螺丝刀
lanterna
手电筒
chave inglesa
扳手

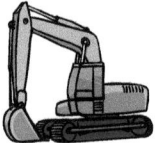

escavadora

挖掘机

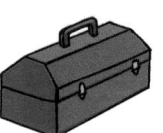

caixa de ferramentas

工具箱

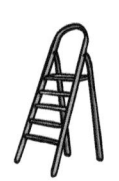

escada de mão

梯子

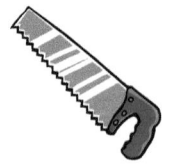

serra

锯子

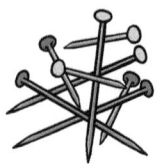

pregos

钉子

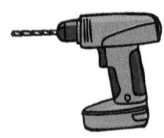

furadeira

钻机

consertar

修

pá

铲子

Droga!

靠！

pá de lixo

簸箕

pote de tinta

油漆桶

parafusos

螺丝

instrumentos musicais
乐器

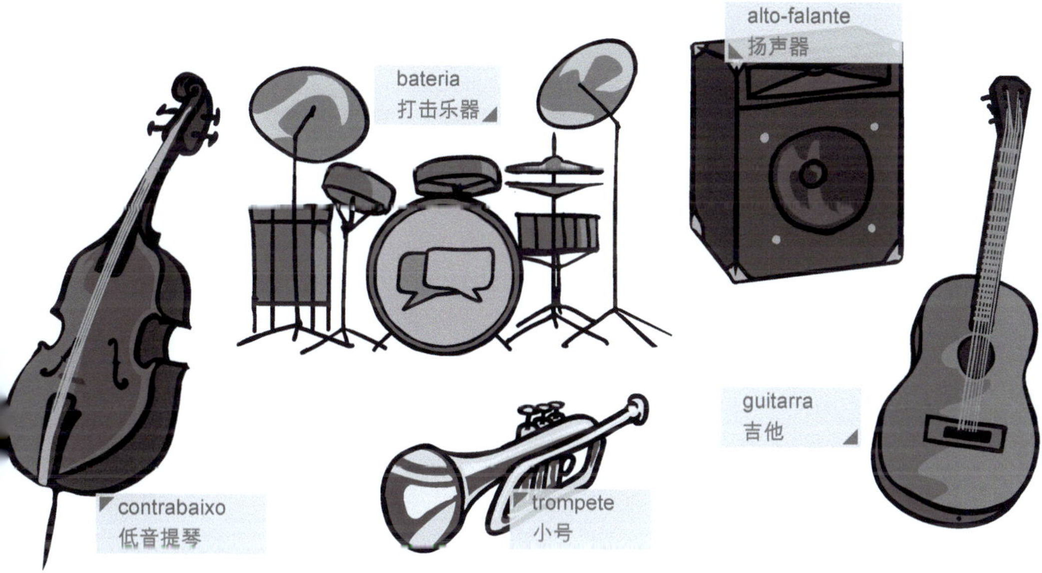

alto-falante
扬声器

bateria
打击乐器

guitarra
吉他

contrabaixo
低音提琴

trompete
小号

piano

钢琴

violino

小提琴

baixo

贝斯

timbales

定音鼓

tambor

鼓

teclado

电子琴

saxofone

萨克斯管

flauta

长笛

microfone

麦克风

zoológico
动物园

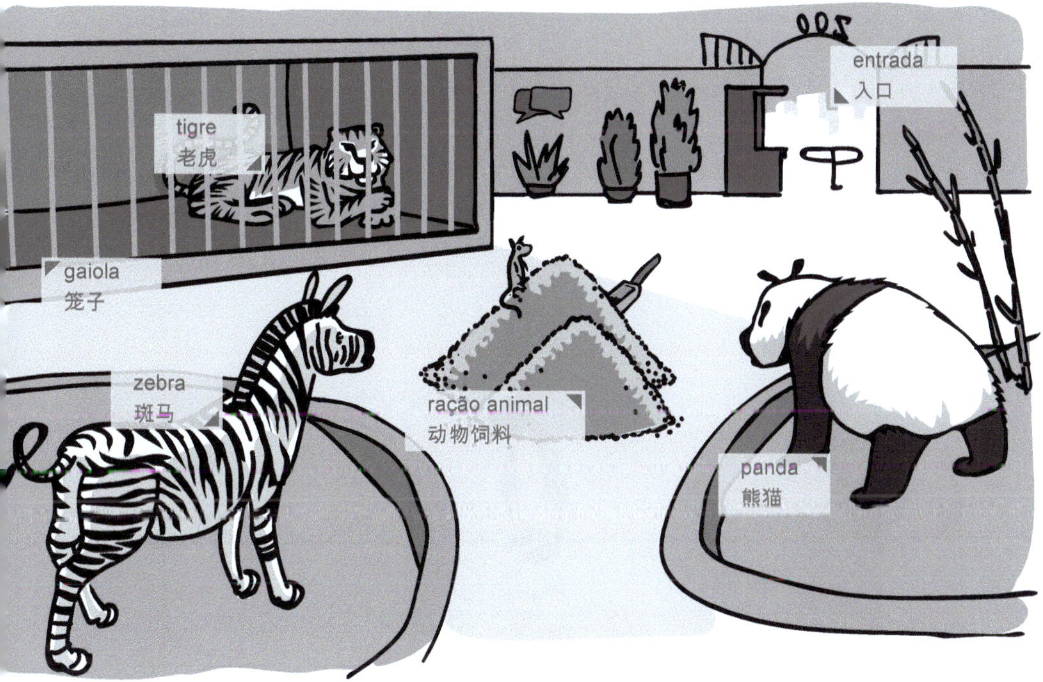
tigre
老虎
entrada
入口
gaiola
笼子
zebra
斑马
ração animal
动物饲料
panda
熊猫

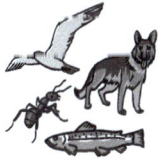

animais
动物

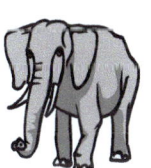

elefante
大象

canguru
袋鼠

rinoceronte
犀牛

gorila
大猩猩

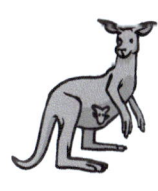

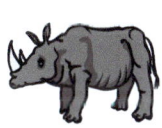

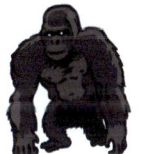

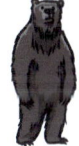

urso
熊

camelo

骆驼

avestruz

鸵鸟

leão

狮子

macaco

猴子

flamingo

火烈鸟

papagaio

鹦鹉

urso polar

北极熊

pinguim

企鹅

tubarão

鲨鱼

pavão

孔雀

cobra

蛇

crocodilo

鳄鱼

guarda do zoológico

动物园管理员

foca

海豹

jaguar

美洲豹

pônei

矮种马

leopardo

豹

hipopótamo

河马

girafa

长颈鹿

águia

老鹰

javali

野猪

peixe

鱼

tartaruga

龟

morsa

海象

raposa

狐狸

gazela

羚羊

futebol americano
橄榄球

ciclismo
骑自行车

tênis
网球

basquete
篮球

natação
游泳

hóquei no gelo
冰球

boxe
拳击

futebol
英式足球

badminton
羽毛球

atletismo
田径

handebol
手球

esqui
滑雪

polo
马球

pular
跳

rir
笑

abraçar
拥抱

andar
走路

cantar
唱

rezar
祈祷

beijar
亲吻

sonhar
做梦

escrever
书写

desenhar
画

mostrar
展示

empurrar
推

dar
给

tomar
拿

ter

有

fazer

做

ser

当

ficar de pé

站

correr

跑

puxar

拉

jogar

扔

cair

摔倒

deitar

躺

esperar

等待

carregar

携带

sentar

坐

vestir

穿衣

dormir

睡觉

despertar

醒来

olhar para

看

chorar

哭

acariciar

抚摸

pentear

梳头

falar

交谈

entender

明白

perguntar

问

ouvir

听

beber

喝

comer

吃

arrumar

清理

amar

爱

cozinhar

做饭

dirigir

开车

voar

飞

velejar

航行

calcular

计算

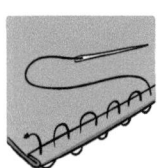

ler

读

aprender

学习

trabalhar

工作

casar

结婚

costurar

缝

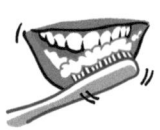

escovar os dentes

刷牙

matar

杀

fumar

抽烟

enviar

寄

avó
祖母

avô
祖父

pai
父亲

mãe
母亲

bebê
嬰童

filha
女儿

filho
儿子

convidado

客人

tia

阿姨

tio

叔叔

irmão

兄弟

irmã

姐妹

corpo
身体

testa
前额
olho
眼睛
ombro
肩膀
dedo
手指
rosto
脸
queixo
下巴
mão
手
perna
腿
peito
乳房
braço
手臂

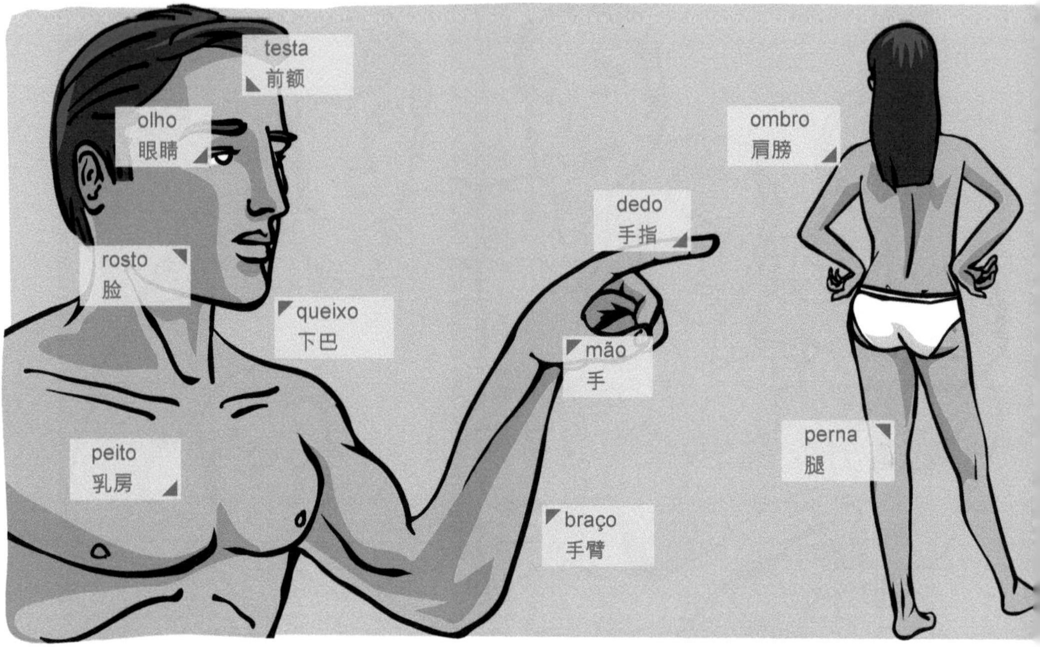

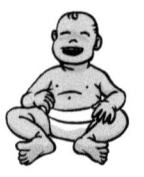

bebê
婴童

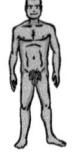

homem
男人

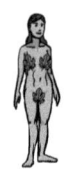

mulher
女人

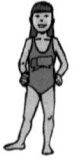

menina
女孩

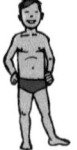

menino
男孩

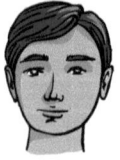

cabeça
头

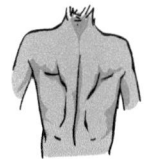

costas

背部

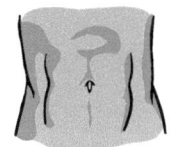

barriga

肚子

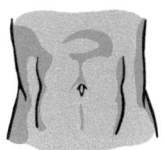

umbigo

肚脐

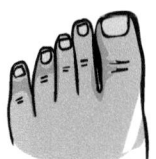

dedo do pé

脚趾

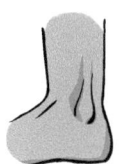

calcanhar

脚后跟

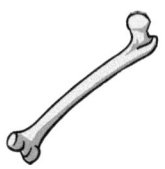

osso

骨头

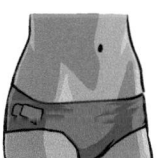

anca

臀部

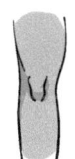

joelho

膝盖

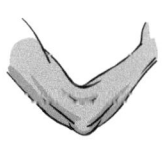

cotovelo

手肘

nariz

鼻子

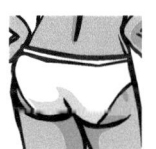

nádegas

屁股

pele

皮肤

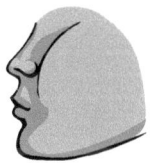

bochecha

脸颊

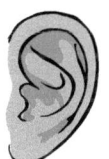

orelha

耳朵

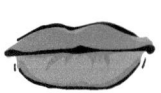

lábio

嘴唇

boca

嘴

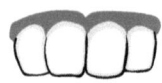

dente

牙齿

língua

舌头

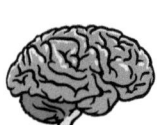

cérebro

脑

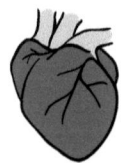

coração

心脏

músculo

肌肉

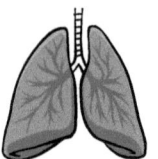

pulmão

肺

fígado

肝脏

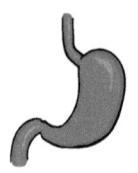

estômago

胃

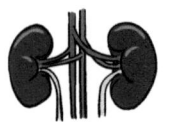

rins

肾脏

relações sexuais

性交

preservativo

避孕套

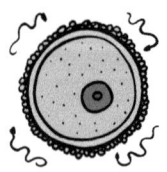

óvulo

卵子

esperma

精子

gravidez

怀孕

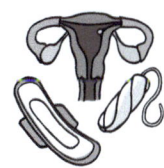

menstruação

月经

vagina

阴道

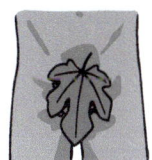

pênis

阴茎

sobrancelha

眉毛

cabelo

头发

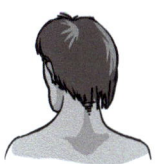

pescoço

脖子

hospital
医院

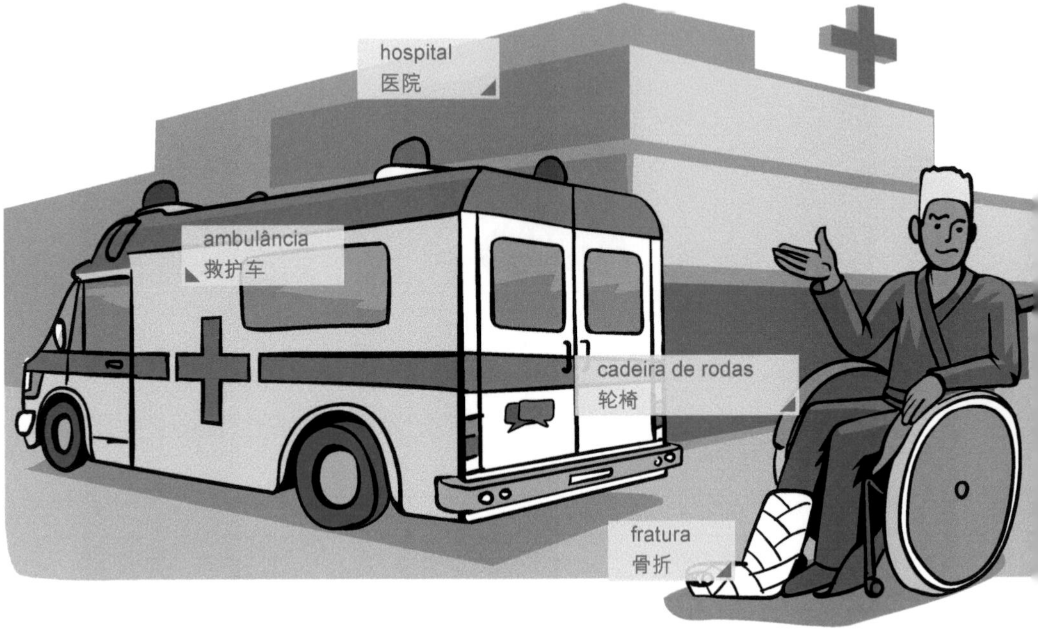

hospital
医院
ambulância
救护车
cadeira de rodas
轮椅
fratura
骨折

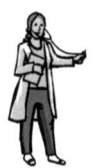

médico
医生

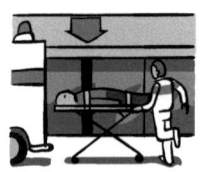

pronto-socorro
急诊室

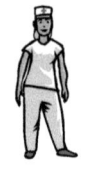

enfermeira
护士

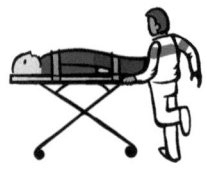

emergência
紧急情况

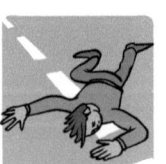

inconsciente
昏迷

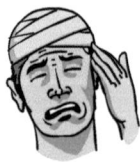

dor
痛

ferimento

受伤

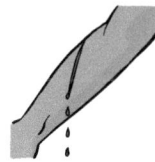

hemorragia

出血

ataque cardíaco

心脏病发作

acidente vacular cerebral

中风

alergia

过敏

tosse

咳嗽

febre

发烧

gripe

流感

diarreia

腹泻

dor de cabeça

头痛

câncer

癌症

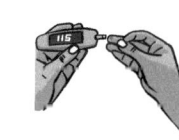

diabetes

糖尿病

cirurgião

外科医生

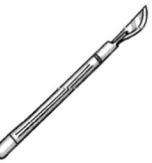

bisturi

手术刀

operação

手术

CT

CT

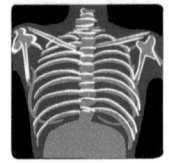

raio x

X光

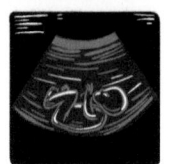

ultrassom

超声波

máscara

口罩

doença

疾病

sala de espera

候诊室

muleta

拐杖

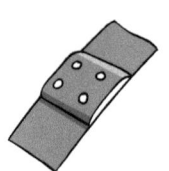

bandeide

石膏

ligadura

绷带

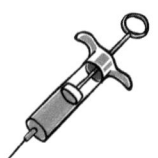

injeção

注射

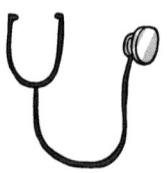

estetoscópio

听诊器

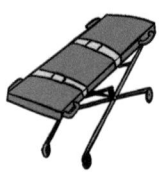

maca

担架

termômetro

体温计

nascimento

出生

excesso de peso

超重

aparelho auditivo
....
助听器

desinfetante
....
消毒液

infecção
....
感染

vírus
....
病毒

HIV / AIDS
....
艾滋病

medicamento
....
药物

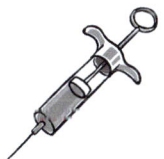

vacinação
....
接种疫苗

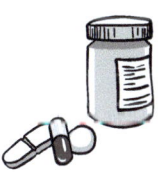

comprimidos
....
药片

pílula
....
药丸

chamada de emergência
....
急救电话

dispositivo de medição de
pressão arterial
....
血压计

doente / saudável
....
生病/健康

Socorro!

救命！

alarme

警报

assalto

突击

ataque

攻击

perigo

危险

saída de emergência

紧急出口

Fogo!

着火啦！

extintor de incêndios

灭火器

acidente

意外

maleta de primeiros socorros

急救箱

SOS

呼救信号

polícia

警察

Europa

欧洲

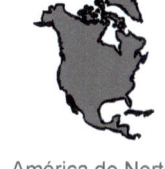

América do Norte

北美洲

América do Sul

南美洲

África

非洲

Ásia

亚洲

Austrália

澳洲

Atlântico

大西洋

Pacífico

太平洋

Oceano Índico

印度洋

Oceano Antártico

南冰洋

Oceano Ártico

北冰洋

Polo Norte

北极

Polo Sul

南极

Antártica

南极洲

Terra

地球

terra

陆地

mar

海

ilha

岛

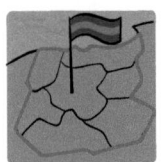

nação

国家

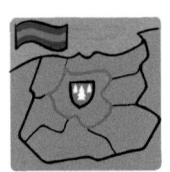

estado

国家

mostrador do relógio

钟面

ponteiro das horas

时针

ponteiro dos minutos

分针

ponteiro dos segundos

秒针

Que horas são?

现在几点？

dia

天

tempo

时间

agora

现在

relógio digital

电子表

minuto

分

hora

时

semana

周

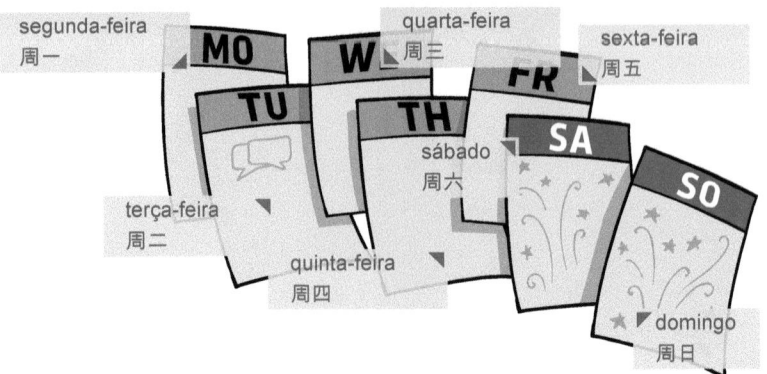

segunda-feira
周一

quarta-feira
周三

sexta-feira
周五

terça-feira
周二

quinta-feira
周四

sábado
周六

domingo
周日

ontem

昨天

hoje

今天

amanhã

明天

manhã

早晨

meio-dia

中午

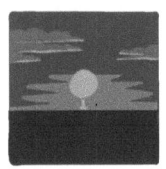

entardecer

晚上

dias úteis

工作日

fim de semana

周末

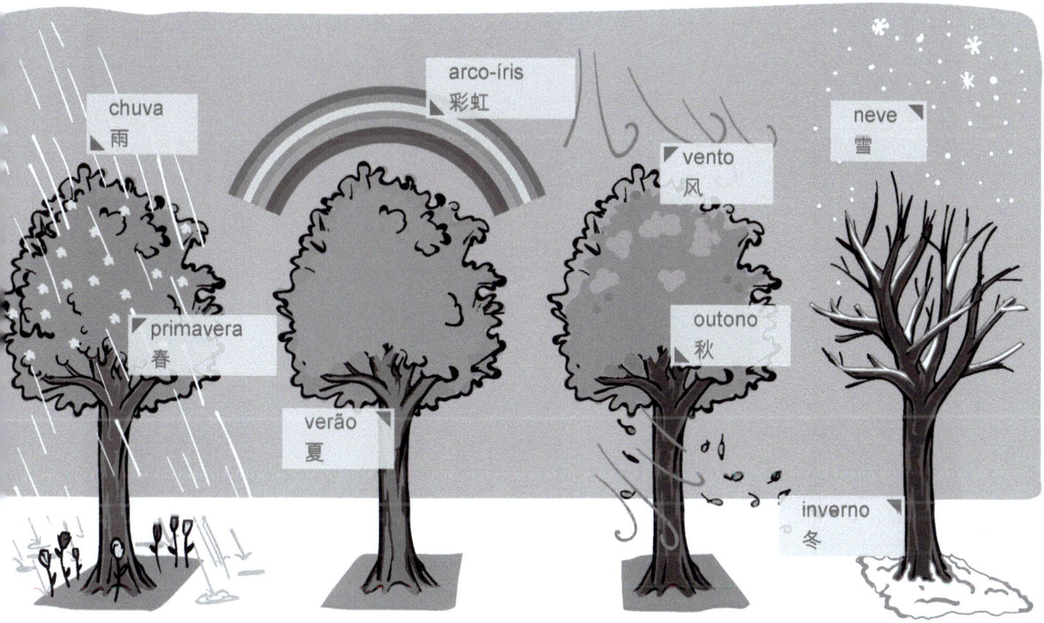

chuva
雨
arco-íris
彩虹
vento
风
neve
雪
primavera
春
verão
夏
outono
秋
inverno
冬

4.APRIL 11°
6.APRIL 13°
7.APRIL 8°
8.APRIL 10°

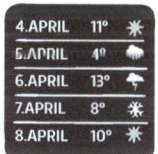

previsão do tempo

天气预报

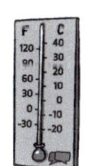

termômetro

温度计

raio de sol

阳光

nuvem

云

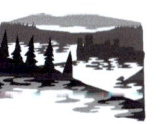

neblina / nevoeiro

雾

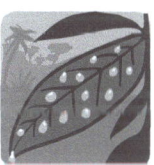

umidade do ar

潮湿

relâmpago

闪电

trovão

打雷

tempestade

风暴

granizo

冰雹

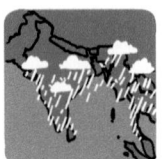

monção

季风

inundação

洪水

gelo

冰

janeiro

一月

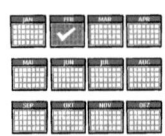

fevereiro

二月

março

三月

abril

四月

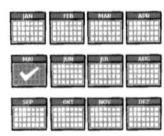

maio

五月

junho

六月

julho

七月

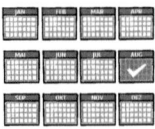

agosto

八月

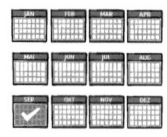

setembro

九月

outubro

十月

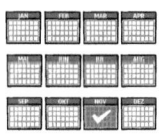

novembro

十一月

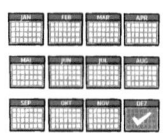

dezembro

十二月

formas

形状

círculo

圆形

quadrado

正方形

retângulo

长方形

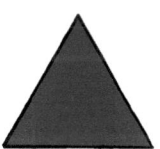

triângulo

三角形

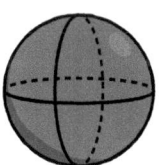

esfera

球体

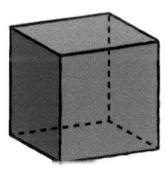

cubo

立方体

branco

白

amarelo

黄

laranja

橙

rosa

粉

vermelho

红

lilás

紫

azul

蓝

verde

绿

marrom

棕

cinza

灰

preto

黑

muito / pouco

很多/少许

furioso / tranquilo

生气/平静

lindo / feio

美/丑

começo / fim

首/尾

grande / pequeno

大/小

claro / escuro

明/暗

irmão / irmã

兄弟/姐妹

limpo / sujo

干净/肮脏

completo / incompleto

完整/缺失

dia / noite

白天/晚上

morto / vivo

死/生

largo / estreito

宽/窄

comestível / não comestível

可食用/非食用

mau / gentil

邪恶/善良

entusiasmado / entediado

兴奋/无聊

gordo / magro

胖/瘦

primeiro / último

第一/最后

amigo / inimigo

朋友/敌人

cheio / vazio

满/空

duro / macio

硬/软

pesado / leve

重/轻

fome / sede

饿/渴

doente / saudável

生病/健康

ilegal / legal

非法/合法

inteligente / idiota

聪明/愚笨

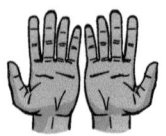

esquerda / direita

左/右

perto / longe

近/远

novo / usado

新/旧

nada / alguma coisa

没有/有些

velho / jovem

老/幼

ligado / desligado

开/关

aberto / fechado

打开/合上

baixo / alto

安静/吵闹

rico / pobre

富/穷

certo / errado

对/错

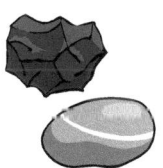

áspero / liso

粗糙/光滑

triste / feliz

伤心/高兴

curto / longo

短/长

lento / rápido

慢/快

molhado / seco

湿/干

ameno / fresco

温暖/凉爽

guerra / paz

战争/和平

0

zero

零

1

um

一

2

dois

二

3

três

三

4

quatro

四

5

cinco

五

6

seis

六

7

sete

七

8

oito

八

9

nove

九

10

dez

十

11

onze

十一

12

doze

十二

13

treze

十三

14

quatorze

十四

15

quinze

十五

16

dezesseis

十六

17

dezessete

十七

18

dezoito

十八

19

dezenove

十九

20

vinte

二十

100

cem

百

1.000

mil

千

1.000.000

milhão

百万

números - 数字

inglês

英语

inglês americano

美式英语

chinês mandarim

普通话

hindi

印地语

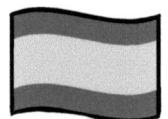

espanhol

西班牙语

francês

法语

árabe

阿拉伯语

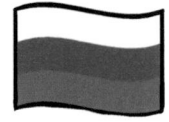

russo

俄语

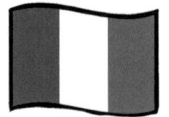

português

葡萄牙语

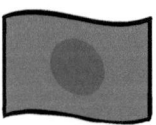

bengalês

孟加拉语

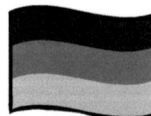

alemão

德语

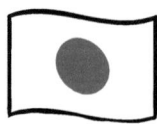

japonês

日语

eu

我

você

你

ele / ela

他/她/它

nós

我们

vocês

你们

eles / elas

他们

quem?

谁？

O quê?

什么？

como?

怎样？

onde?

哪里？

Quando?

什么时候？

nome

名字

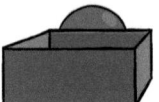

atrás

后面

em

里面

na frente de

前面

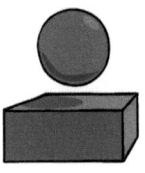

sobre

上方

em cima

上面

debaixo

下面

do lado

旁边

entre

中间

lugar

地点